# GUÍA FÁCIL PARA TENER ÉXITO EN TU PROCESO DE DIVORCIO O SALVAR TU MATRIMONIO

Escrito por
CARLOS MARTÍN

Autor: Carlos Martín

Diseño de la portada: Ediciones PY

Maquetación: Ediciones PY

Ilustración: Ediciones PY

@2022 Ángel Carlos Martín Berigüete

Queda rigurosamente prohibida, sin la autorización escrita de los titulares del Copyright, bajo las sanciones establecidas en las leyes, la producción parcial o total de esta obra por cualquier medio o procedimiento, comprendidos la reprografía y el tratamiento informativo y la distribución de ejemplares de ella mediante alquiler o préstamo públicos.

ISBN: 97-9835659989-7

*A Ana, Sandra e Iván el que hace lo que siente gana aunque pierda.*

# Índice

Introducción ............................................................................... 9
1. ¿Crees que debes divorciarte?......................................... 13
2. Concepto de divorcio. Aspectos psicológicos................ 25
3. Diferencias con la separación. Ruptura del matrimonio canónico 31
4. Separación o divorcio ¿Cuál elijo?.................................. 37
5. Liquidación del régimen económico del matrimonio. Reparto del dinero y propiedades............................................................................... 39
6. Tipos de divorcio en el código civil. Divorcio contencioso y mutuo acuerdo ...................................................................................... 43
7. ¿Qué necesito para divorciarme? ¿Quién puede pedirlo?............ 47
8. Efectos del divorcio........................................................... 49
9. Otras formas de divorciarse, pero casi son la misma. Ante notario. Divorcio Exprés ....................................................................... 51
10. La demanda de divorcio contencioso............................ 57
11. Juicio de divorcio contencioso en sede judicial y su formulario .. 59
12. La demanda de divorcio de mutuo acuerdo y su formulario ...... 77
13. El convenio regulador ..................................................... 89
14. La custodia compartida y la patria potestad................ 101
15. ¿Qué pasa si sufres violencia de género en tu proceso de divorcio? La orden de protección. Diversas cuestiones. Recursos sociales.......... 105
16. Conclusión. Epílogo ........................................................ 113
17. Mi ayuda personal........................................................... 115

**Angel Carlos Martín Berigüete** (Madrid, 1964) es Abogado en ejercicio, aprendiendo el oficio de escritor tras publicar su primera obra "Guía fácil para tener éxito en la compra de tu casa".

Creador de contenido digital en redes sociales como TIKTOK, con varios videos virales sobre cuestiones jurídicas, algunos con más de 450.000 visionados. Experto jurídico en Divorcios, inmobiliario, herencias y penal. Enorme vocación de ayuda a los demás. Colaborador con la Fundación Altius.

Recientemente enamorado de los gatos.

# *Introducción*

¿Por qué una guía para tener éxito en tu divorcio? Porque creo que toda ayuda, para una persona que pasa por este trance, es poca. No se trata de sustituir un asesoramiento legal por esta guía. Esto no va de eso. Se trata de que te asomes sin vértigo a una de las experiencias vitales más fuertes y que más te marcarán en toda tu vida. No solo te marcarán a ti; marcarán a tus hijos, si tienes, a tus padres, a tus hermanos, a tus amigos, a tus compañeros de trabajo. Habrá un antes y un después. De cómo afrontes ese futuro inmediato dependerá conseguir la tan necesaria paz mental y, si es posible, económica. Esto se ampliará como un foco de luz a todas tus personas próximas. Se trata de prepararte para ese día después, pero para ello debes saber a qué te enfrentas el día antes, y lo que es más importante, cómo te enfrentas.

En números redondos, unas cien mil personas se divorciarán el año que viene y se calcula que al menos otras doscientas mil se lo pensarán, pero no llegarán al final por múltiples y diversas razones. Las posibilidades de que un primer matrimonio acabe en divorcio en un periodo de 40 años es del 67%. La mitad de los divorcios se producen durante los siete primeros años. Algunos estudios establecen que el índice de divorcios para segundos matrimonios es un 10% más alto que el de los primeros matrimonios. Las posibilidades de divorcio son tantas que todas las parejas casadas, incluyendo aquellas satisfechas con su relación, deberían hacer un esfuerzo extra para mantener sólido su matrimonio o relación.

Una de las razones más tristes por las que un matrimonio fracasa es que ninguno de los cónyuges reconoce su valor hasta que es demasiado tarde. Solo después de firmar los documentos, repartir los muebles y alquilar apartamentos separados se dan cuenta de lo mucho que han perdido. Te enfrentarás a consecuencias económicas, sociales, familiares. Pretendo que esta guía sea un pequeño oasis de información sencilla, directa, que aporte luz a tus pensamientos para que puedas, si quieres, construir una respuesta a la historia de un fracaso. Sí, llamemos a las cosas por su nombre, fracaso, pero en el que en muchos casos hay montones de cosas salvables. Por ejemplo, unos hijos maravillosos, incluso familiares políticos y amigos entrañables, que a veces se perderán por el camino, pero otras quedarán para siempre.

Si esta pequeña y modesta guía sirve para que lo tengas algo más claro, me daré por satisfecho. No escribo para juristas, ni para psicólogos o jueces. Escribo para personas que pasarán por este trance. Estarán dispuestas a luchar por su vida y querrán escribir una nueva historia, su historia. No reivindico el divorcio, ni por supuesto lo maldigo. No creo que sea natural, si voluntariamente dos personas quieren unir sus vidas, patrimonios e historias, impedirles salir de esa relación cuando quieran.

Las leyes están, o deberían estar, para poder facilitar la vida de las personas y esta guía te explica lo que debes afrontar en ese hecho de tu vida, en términos de lo que la ley dice. Sería atrevido y estúpido por mi parte pretender que esta guía te preparara para afrontar la realidad de emociones y sentimientos en los que te verás envuelto.

Pero esta guía no solo vale para que te divorcies con éxito, sino también para que superes las dificultades del matrimonio. Sí, ya sé que esto suena muy pretencioso, pero deja que me crea que puedo aportar un pequeño granito de arena que te ayudará a tenerlo más claro. Es muy importante que leas el Capítulo Primero, en el que te invito a una profunda reflexión, tanto tuya como de tu pareja. Allí podrás expresarte con sinceridad, valorar tu historia personal, comunicar a la otra persona tus sentimientos y, quizá, conseguir enderezar esa relación y dejar de leer este libro, salvo que quieras saber por saber. La razón es simple: el resto de la guía ya no te afectaría.

Esa es mi mayor esperanza, que salves tu relación, si es digna de ser salvada, si existe finalmente amor y no hay toxicidad por medio. La inversión en este pequeño libro habrá sido la mejor de tu vida si lo acabas en el Capítulo Primero.

Si esto no es así, no tengo la fórmula para protegerte. No la tengo. Solo puedo proporcionarte unas pocas armas para alumbrar los pasos estrechos del camino y espero no haberte aburrido. Ya decía Cervantes: "Sé breve en los razonamientos que ninguno hay gustoso si es largo". Espero, de verdad, poder ayudarte. Gracias infinitas por acercarte a mis palabras.

*Capítulo 1*

# ¿Crees que debes divorciarte?

El sentido más importante que tenemos nos dice que, ya incluso antes de casarnos, nos deberíamos haber hecho unas preguntas correctas para que nuestra unión fuera más perecedera o, como me gusta más decir a mí, **"triunfadora"**. No es lo mismo querer a una persona que convivir con ella el resto de nuestra vida. No es un enamoramiento repentino o una pasión la que nos va a llevar a años de convivencia juntos. Vivir con alguien aún con la premisa de un amor cierto como el que se da en el seno de una familia entre padres e hijos o entre hermanos no resulta nada fácil. Además de querernos, debemos soportarnos. En el inicio de las relaciones, de cualquier relación, somos unos formidables mentirosos frente a la otra persona. Le mostramos nuestras fortalezas, pero taimadamente le ocultamos nuestras debilidades y, por qué no decirlo, vicios, si los tenemos. Nos vamos a vivir con un perfecto desconocido -aunque hayamos pasado años de relación-, pero la prueba de la convivencia machaca muchas relaciones que mueren por no soportar nuestras verdaderas identidades. Esto es así, siento ser tan claro y tan crudo.

Si por fin, informada la otra parte de nuestros defectos, nos admite y nosotros también le admitimos comenzará a hacerse más fuerte el edificio de nuestra relación, pero no todo estará aún terminado. Apelo a la inteligencia emocional para reforzar esa vida de pareja, y os doy alguna pauta sorprendente, como la pregunta que encontraréis en este capítulo que puede incluso salvar vuestro matrimonio y relación, y con la que yo habré cumplido con la segunda parte del título de esta obra. No me lo agradezcas, lo mereces, pero sigue leyendo este capítulo que es el más importante de la obra y el que más me ha costado hacer.

The New York Times pidió hace unos años a personas versadas en los desafíos más habituales del matrimonio y su consiguiente destino final, que se hicieran unas preguntas que pudieran salvar la relación. Si esto no era posible, al menos que la separación fuera lo más pacífica y razonable. Las preguntas en cuestión eran:

1. **¿Has dejado claro lo que te molesta de la relación?**

    Las investigaciones demuestran que las personas escuchan entre el 30 y el 35% de lo que les dicen. Si crees que tu cónyuge no te considera una prioridad y aunque te jure amor eterno la realidad es que no pasa tiempo contigo porque se va a jugar al fútbol con los amigos/as, se inventa todo tipo de cosas para no estar contigo y tu relación se limita a coincidir escaso tiempo, debes saber que esto no cambiará a menos que se lo comuniques directamente. Al menos lo habrás intentado. Habrás hecho lo posible para hacer que la relación funcione.

## 2. ¿Tu cónyuge y tú habéis dejado claras las expectativas acerca del papel de cada uno en la relación?

El problema puede ser tan simple como no entender de qué manera espera tu pareja que te portes. Si alguien asume encargarse de la casa, por ejemplo, y no lo hace, surgirán problemas. Si no te gusta el ejemplo de la casa, puedes elegir otro, como el de las finanzas.

## 3. Sí hubiera manera de salvar el matrimonio, ¿cuál sería?

Haz una lista en un lado del papel con las cosas que crees que necesitas para salvar el matrimonio, y en el otro lado apunta lo que crees que debe hacer tu cónyuge. Es muy importante que los dos hagáis este ejercicio. Sorprendentemente, estáis comunicando mutuamente sobre lo que esperáis de la otra persona.

## 4. ¿Realmente serías más feliz sin tu pareja?

Valentía y realismo para autocontestarte. Y sí, claro, aquí entra en juego el interés o nulo interés de la otra parte como pareja sexual. Aunque no solo esto.

## 5. ¿Todavía sientes amor por él/ella?

Si ya no lo sientes deberías salir de esta relación. También, aunque lo sientas, quizás en algunos casos el divorcio pueda ser el camino indicado.

6. ¿Cuál es tu mayor miedo si acaba la relación?

Sé sincero. El quedarte solo, las consecuencias económicas, la falta de apoyo. Tú decides.

7. ¿Estás dejando que la posibilidad del divorcio arruine la imagen que tienes de ti mismo e incluso los demás?

La gente muchas veces se siente fracasada, pero tienes que sacar lo bueno que hubo y no obsesionarte con los errores. Las opiniones de los demás, aunque nos importen, no deben guiar nuestras decisiones.

8. ¿Cómo este divorcio puede afectar a nuestros hijos?

Siempre los dos vais a ser padres de vuestros hijos. Tenéis una gran responsabilidad para que vuestros egos y odios les afecten lo mínimo. Cada "puñalada" que os deis, cada insulto, cada tensión que metáis en la familia, se la dais a vuestros hijos.

9. ¿Estás preparado/a para las tensiones económicas que surgirán?

Muchas cosas van a cambiar y muchas deben empezar de nuevo, consulta esta nueva situación con quien te sea posible.

10. ¿Estoy dispuesto/a para solucionar los problemas cotidianos del día a día de los que no me ocupaba?

Pregúntate por pagar cuentas, contratar a un fontanero, ir a las reuniones de padres en el colegio, llevarlos a actividades extraescolares. Tendrás que asumir nuevas funciones para no caer en el caos y que nada te supere.

### 11. ¿Podré evitar el mismo error en el futuro?

Lo siento, eso nadie lo sabe. Yo lo llamo **"la carrera del hámster o de la rata"**. Damos vueltas a la rueda muchas veces sin avanzar y cuando nos hemos cansado de correr en el mismo sitio, encontramos a otras parejas, que, en muchos casos, hasta se parecen físicamente a las anteriores y volcamos un redoblado interés, pensando que estamos ante nuestra penúltima oportunidad. El tiempo y las experiencias vividas, a veces, no nos hacen más inteligentes.

Si además de todas estas cuestiones observamos:

- "Se acabó el amor".
- "No ves futuro con tu pareja".
- "No tenéis nada en común".
- "Os peleáis continuamente".
- "Falta de respeto, maltrato físico y/o emocional".
- "Infidelidad".

Entonces estáis en la antesala de la ruptura.

Una vez reflexionada esta decisión, los pasos más básicos que se recomiendan son:

1. Comunicar a tu pareja que te quieres separar.
2. Comunicarlo a tu familia más extensa (padre, madre, hermanos, cuñados) y pedir ayuda si la necesitas.

3. Deberás pensar en obtener un trabajo remunerado.
4. Adaptarte a la nueva situación económica.
5. No aislarte, pero aprender a vivir solo o sola.
6. Contactar con un profesional, tanto jurídico como un psicólogo, para ayudarte.
7. No tomes decisiones impulsivas. Intenta sopesar todas las cuestiones.
8. Planea el lugar y tiempo en que darás la noticia.
9. Mantén una actitud sincera y firme.
10. Escucha.
11. No hagas comentarios con "falsas esperanzas" si ya has tomado la decisión.

### ¿Cómo debes decir a tu pareja que te quieres separar?

1. Expón los hechos de manera detallada y todo lo objetiva que puedas.
2. Presenta tu historia, la interpretación personal que damos a los hechos. Un ejemplo: "No te gusta pasar tanto tiempo conmigo como a mí contigo".
3. Muestra tus sentimientos. Dile cómo te hace sentir esta relación.
4. Expresa tus deseos y comunica tu decisión.
5. Busca las cosas positivas que has pasado con esa persona y agradéceselo. Es de esperar que él/ella también te lo agradezca.

Sí estás en una relación tóxica, advierte estas señales:

- Haces cosas sólo para complacer a la otra persona.
- No puedes expresar tus sentimientos con claridad.
- Mides todo lo que haces y dices con miedo.
- Te estás aislando del mundo.

- Has disminuido tu energía e ilusión.
- Te culpas de todo lo que pasa en la relación.
- Te sientes manipulado o manipulada.

Cuando en una pareja una de las dos partes aprovecha el poder del vínculo para hacer daño a la otra, mediante el abandono o chantaje emocional, no hablamos de amor, hablamos de **"amor tóxico"**. Amor insano, insatisfecho, egoísta y narcisista. Todos estos conceptos son contrarios al concepto del verdadero amor.

Cuando hay hijos de por medio y encima menores, el amor de los padres es decisivo para su formación humana futura. Si continuamos en una relación tóxica, ésta te hará daño, a tus hijos y a tu entorno. Cuanto antes salgas de este círculo negro, mejor. ¿Puedes hacer algo para salvar tu matrimonio o relación? John Gottman, psicólogo estadounidense conocido por sus estudios de pareja, estableció una serie de señales que agrupó bajo el nombre de "los cuatro jinetes del apocalipsis". Se trata de cuatro comportamientos que, de mantenerse en el tiempo, llevarán a que la relación de pareja acabe rompiéndose casi con total seguridad:

1. **LAS CRITICAS DESTRUCTIVAS.** Una crítica que incluye etiquetas y descalificaciones, generalizaciones, que se expresa en segunda persona, con tono de voz elevado y despectivo, con una postura corporal amenazante y que busca crear culpa y malestar en la otra persona. El exceso de críticas destructivas lleva a una sensación de resentimiento en la otra persona.

2. **LA ACTITUD DEFENSIVA.** Implica no aceptar una queja y responder a la defensiva y contratacando, lo cual empeorará sin duda la situación de conflicto que vive la pareja. Un caso típico sería: "¿Por qué no quieres que vayamos a

ver a mis padres? ...pues porque tú tampoco quieres ver a los míos".

3. **EL DESPRECIO.** Constituye una falta de respeto que puede incluir insultos, muecas, ironías o sarcasmo que se usa con fines ofensivos y para infravalorar a la otra persona.

4. **EL ENCIERRO O ACTITUD EVASIVA.** La actitud evasiva en una situación conflictiva supone dar muestras de indiferencia hacia la otra persona que está planteando las quejas o las críticas. Hacer como que no se escucha, mirar hacia otro lado, involucrarse en otra actividad o hacer como que el otro no existe son actitudes dañinas para la pareja y pueden "encender" aún más el comportamiento del que está planteando la queja, aumentando los sentimientos de rabia y resentimiento y empeorando la situación.

En muchas ocasiones aparecerá alguno de los cuatro jinetes del apocalipsis de Gottman; cuantos más aparezcan en la relación de pareja y cuantos más se repitan en el tiempo, más cerca de la ruptura estarás. Saber identificar a estos "cuatro jinetes" es el primer paso para cambiar estos comportamientos. John Gottman concluye que la clave para reactivar una relación o ponerla a prueba de divorcios no reside en cómo manejamos las discusiones, sino en cómo se comporta un cónyuge con el otro cuando no están discutiendo. La base de este método está en fortalecer la amistad que existe en el corazón de todo matrimonio.

Un famoso escritor estadounidense contaba en su blog que salvó su matrimonio por un pequeño gesto que cambió su maltrecha relación de pareja para siempre. El novelista Richard Paul Evans, autor de varios *best sellers*, explicó que después de 21 años de relación, ésta empeoró tanto que salir de gira con su libro lo percibió como un gran alivio. Un día, en mitad de estos viajes, se derrumbó. "El dolor de estar juntos era demasiado fuerte", se dijo a sí mismo. Por mucho que odiara la idea de divorciarse, el dolor de estar juntos era demasiado, relataba. En lo más profundo de su desesperación, le llegó una poderosa inspiración:

*"No puedes cambiar a tu mujer. Solo puedes cambiarte a ti mismo"*

Sin querer, Richard estaba aplicando la doctrina del gran Epicteto, maestro indiscutible del estoicismo griego, que hoy es base de la psicología más moderna, denominada "terapia cognitivo conductual". Sin conocer a los griegos aplicaba sus teorías del cambio. Sólo puedes cambiar lo que tú controlas; lo externo no puedes cambiarlo por ti mismo. Richard le hizo entonces la pregunta que le cambió la vida –y no sólo a su mujer-:

## ¿QUÉ PUEDO HACER PARA MEJORAR TU VIDA?

Esta simple pregunta, repetida machaconamente todos los días, provocó una reacción que podríamos calificar de sorprendente en esa mujer. Al principio sus respuestas giraban en torno a mandarle tareas domésticas sencillas que él habitualmente no hacía, del tipo "pon la colada", "ordena el garaje", "limpia la cocina", etc. Pronto, a la segunda semana, a la esposa de Richard se le habían acabado las tareas domésticas para mandarle y fue cuando tuvo una reacción totalmente inesperada: se echó a llorar al recibir la pregunta de marras, dirigiéndose a él en estos términos: "Por favor, deja de preguntarme. Tú no eres el problema, soy yo, convivir conmigo es muy difícil y me haces sentir muy mal porque no te merezco, no sé por qué te quedas conmigo". Su marido se quedó pasmado: hacía muchos años que no le había dirigido unas palabras tan profundas y sinceras de lo que verdaderamente ella pensaba. Y de pronto, en ese momento todo cambió. Las paredes de los muros de la indiferencia habían caído a plomo. Empezaron a discutir sobre lo que verdaderamente querían de la vida y, lo que es mejor, sobre cómo podrían conseguirlo.

No resolvieron todos los problemas ni acabaron para siempre con sus discusiones, pero éstas fueron cada vez menores y carecían de la energía destructiva de sus enfrentamientos del pasado. Al final Richard concluye que "el verdadero amor no es desear a una persona sino desear su felicidad. Todo consiste en esto". Otra vez tenemos al estoicismo haciendo de las suyas ("haz las cosas porque debas sin esperar una recompensa"), pero en este mundo sorprendente esa acción será devuelta y qué mejor que sea tu esposa o esposo el que te la devuelva. Así que, no es broma, practica esa pregunta machaconamente hasta conseguir influir en la vida de tu pareja. A veces acciones aparentemente sencillas y simples mueven montañas. Al final, la otra persona necesita saber que en los tiempos malos que vendrán estarás ahí. Tú estarás para él, así de fácil, así de sencillo. El aforismo romano *"Do ut des"*, traducido por "doy para que me den" o mucho mejor traducido como "cada uno da lo que recibe y luego recibe lo que da".

Como decía Pablo Motos en una alocución genial en su programa, en España se divorcian ¡12 PAREJAS A LA HORA! Que no seas tú una de ellas sin haber al menos jugado el partido es una de las metas de este modesto libro. Esta guía que pongo en tus manos es una llave, una llave para que puedas abrir o cerrar en cualquier momento tu relación. De que la uses o cómo la uses depende ya de ti, para lo que te ofrezco mi experiencia y ayuda.

Hasta aquí puedes dar por finalizado el libro, que no tiene en sí mismo la finalidad de que te divorcies. Si este capítulo previo te sirve para hacerte las preguntas oportunas, comunicar de manera sincera y efectiva a tu pareja lo que sientes y cómo podéis ambos remediar los problemas, este libro habrá cumplido una de sus finalidades, el de unir y reparar y no el de dividir y separar. Recordar que nada se acaba hasta que acaba. Estoy convencido que muchos matrimonios pueden salvarse, aunque hayan tocado fondo, si encuentran el código para salvarlo (quizás en la amistad que subyace en ambos corazones, como dice Gottman, reside la clave).

Para los que no hayan tenido esa suerte, les invito a que sigan leyendo.

*Capítulo 2*

# Concepto de divorcio. Aspectos psicológicos

El concepto usual del divorcio sería aquella disolución legal del matrimonio solicitado por cualquiera de los dos cónyuges, cuando se dan las causas previstas en la ley. A mí me gusta más la que tiene un componente emocional: la separación de cosas o personas que están o deberían estar unidas o relacionadas. En cualquier caso, es la historia de un fracaso. Un punto final. Siempre se tiende, aunque sea inconscientemente, a buscar culpables. A veces es fácil determinarlos y puede ser uno u otra, pero siempre pienso que las dos partes son, al menos, responsables de ese fracaso. Hay uniones que desde lejos se ve venir la diferencia de sintonía de las partes, que no tienen casi nada en común y aunque a veces puede salir bien, la mayoría de las veces no. Una cosa muy extendida en esta situación de divorcio o separación que se nos plantea a los profesionales, es la motivación o la causa del divorcio.

Desde el consabido "me ha puesto los cuernos", "no soporto su carácter", "es un borracho" o cualquier otro motivo o razón; todo ello le es completamente indiferente a su señoría juez ilustrísima. Vamos que le da completamente igual que uno de los cónyuges se drogue, tenga infinitas parejas o de pronto descubra que prefiere parejas del mismo sexo. Todo esto no impedirá que el divorcio se consume por sólo desearlo e instarlo una o las dos partes. Esa frase tan peliculera: *"No te daré el divorcio mientras viva"*, no tiene cabida en el derecho positivo español.

## ASPECTOS PSICOLÓGICOS DEL DIVORCIO

Una ruptura es una bomba lanzada en una relación donde se da el grado más íntimo y estrecho de unión, tanto con la pareja como con los hijos. La familia, sea del tipo que sea, es donde nacen y se transmiten principios, y donde se protege a los miembros de la misma. Sirve para proporcionar aspectos elementales en el desarrollo humano, como un lugar para vivir, alimento y sanidad. Esto, a veces, no se logra.

La falta de estos cuidados mínimos aparece en el horizonte como un gran enemigo de la unión íntima entre personas. La existencia de estos valores, principios, creencias religiosas o agnósticas y costumbres de tus predecesores, conforman lo que se denomina a nivel psicológico *"matriz familiar"*. En este ámbito se forjará la personalidad de los hijos, la propia autoestima, la forma de relacionarse con los demás y el propio comportamiento individual entre los miembros de la familia e incluso en el ámbito social más cercano, como la escuela o los amigos. Esto se imprime mentalmente. Es la huella que va a quedar indeleble para el resto de la vida y los conceptos de seguridad emocional o física irán con la persona, para prepararle ante la incertidumbre de la vida.

Cuando esta ruptura se materializa, ésta no viene de la víspera. Lo normal es que se haya venido fraguando largo tiempo y desemboque en una situación de crisis y ruptura. Todo esto afecta a la familia de un modo diferente. Cada proceso de separación y divorcio es distinto y, como tal, debe estudiarse. La ruptura es una pérdida y existen profundos estudios psicológicos en los que se trata esta situación como un proceso de "duelo real" que abarca también a los hijos. Esta separación tiene una incidencia diferente para los miembros de la familia. Con carácter general, pueden darse unas notas comunes:

- Se dan episodios de **baja autoestima**, culpabilizándonos a nosotros mismos por la ruptura.
- Sentimiento personal de fracaso.
- Fuerte sentimiento de culpa.
- En algunos casos, sentimiento de liberación (todo hay que decirlo).

El sufrimiento de la pareja es una realidad a la que se enfrentarán los miembros de la familia de forma diferente, atendiendo a sus características personales. Que exista tristeza, depresión, culpa, ansiedad o aislamiento es lo más normal.

Todo esto se agrava cuando existen dificultades económicas que generan nuevos sentimientos de culpa, valía personal, miedo ante el futuro, ante la futura adaptación a una nueva realidad. Pero, ¿y los hijos? Cómo les va a afectar a ellos dependerá de varios factores. Sin duda el factor de la edad será uno de los más importantes.

**\* Antes de los tres años:**

Aunque parezca mentira, los niños se pueden ver afectados regresando a conductas evolutivas ya superadas, como el dormir bien, controlar los esfínteres o la irritabilidad, generando un conjunto de inseguridades y temores que el niño percibe pero no comprende.

**\* De los tres años hasta los ocho:**

Trastornos de conducta, terrores nocturnos, hiperactividad, rabietas descontroladas, agresividad, tristeza, llanto desconsolado o sentimiento de rechazo, entre otros. El niño no comprende lo que pasa ni por qué pasa. Percibe la tensión y desde luego la incorpora, una especie de "metabolización negativa".

**\* Entre los ochos años y los diez:**

Sentimientos de culpa, conductas antisociales, agresividad en el colegio o grupo social próximo y, en general, un sentimiento de ira descontrolado.

**\* Adolescencia:**

Sentimientos depresivos, alcoholemia, drogas y hasta aparición de intentos de suicidio. Sentimiento de culpa y pérdida. Delincuencia.

Algunos autores afirman que lo que causa más dificultades no es el divorcio o la separación en sí, sino el conflicto parental continuado. Las peleas, las broncas, las discusiones y, desde luego, la existencia de agresiones físicas mutuas o de uno frente a la otra parte. Esta violencia entre la pareja provoca conductas patológicas en los hijos en mayor o menor medida, aunque no en todos los casos.

Rabia, nostalgia del pasado, pena, melancolía, desesperanza, desamor, odio, rivalidad, celos, envidia, control de la otra persona... Son situaciones que pueden surgir en esta fase de ruptura, juntas o por separado. Si te sientes así, es una situación, no diría que normal, pero sí esperable, que debes detectar para intentar salir de este estado.

El recurrir a la familia más extensa, a amistades que te puedan ayudar y a los propios recursos del Ayuntamiento y de la Comunidad Autónoma donde resides, junto con un buen asesoramiento jurídico, tienen que ser los principios sobre los que bases tu recuperación. Pero lamentablemente, a veces no bastará. En estos casos, reclamo una actuación más decidida de aquellas personas conocedoras de la situación que pasa la pareja o algún miembro de ella. Cómo actúen dependerá de la situación concreta, pero hay que implicarse, aún recomendando a un abogado, a un trabajador social, a una ONG o a una fundación que trabaje en el sector. Toda ayuda es poca para una persona que sufre.

*Capítulo 3*

# Diferencias con la separación. Ruptura del matrimonio canónico

La diferencia más radical, accesible y fácil de entender es que el divorcio pone fin a la relación matrimonial, mientras que la separación NO. Una vez ejecutado el divorcio, las partes pueden contraer libremente otro matrimonio, exclusivamente de carácter civil.

## RUPTURA DEL MATRIMONIO RELIGIOSO

Por excelencia, el matrimonio religioso en España es el Canónico, y éste tiene un vínculo de indisolubilidad. Si partimos de la base de que somos creyentes, no podremos disolver el vínculo conyugal, sólo alegar que ese matrimonio no existió en la realidad católica, y enfrentarnos a un proceso en el que la autoridad eclesial dictamina y manda, sin admitir la más mínima intervención del sistema judicial vigente recogido en nuestras leyes. El procedimiento era, hasta hace pocos años, bastante inaccesible y caro, quedando reservado para las personas con más recursos económicos e influencias el conseguir la liberación del vínculo conyugal y poder contraer matrimonio por la iglesia con otra persona. La ruptura del matrimonio religioso lógicamente afecta a esos contrayentes que se casaron "por la iglesia", esto se denomina **"matrimonio canónico"**.

Aunque en el ámbito del matrimonio civil existe la ***nulidad matrimonial***, se diferencia bastante de la religiosa. Si en la civil, las causas para pedir la disolución son celebrarlo:

- Sin consentimiento de uno de los cónyuges.
- Entre personas casadas previamente.
- Entre menores no emancipados.
- Entre parientes en línea recta o colaterales. Es decir, padres, hijos, hermanos, primos, tíos.
- Sin la intervención del juez.
- Con errores en la identidad de los contrayentes.
- Con coacción y/o amenazas graves intimidantes.

En el ámbito de la iglesia, los motivos están mucho más tasados y serán:

1. Defectos en la forma de celebración.
2. Existencia de impedimentos.
3. El vicio de consentimiento.

Vayamos a analizar todos ellos:

## 1. CAUSAS DE NULIDAD POR DEFECTOS DE FORMA.

Estos casos son yo diría que menores, no se dan prácticamente, pero los enumeramos:

**Falta de asistencia a la celebración del ordenante (sacerdote) del lugar.**

Personalmente tuve la ocasión de vivir en primera persona un caso singular: el párroco del lugar se negó a casar en sábado y la familia de los contrayentes pidió permiso y llevó a un sacerdote para casarse el sábado. Éste, por razones de avería en el vehículo que le transportaba a la localidad, no llegó a tiempo de presentarle sus credenciales al párroco del lugar. Llegó a la iglesia y comenzó la ceremonia. Al poco tiempo y de paisano, compareció el párroco local interrumpiendo gravemente la celebración, exigiéndole la acreditación y produciéndose unos graves momentos de tensión, entre insultos e intentos de agresión contra el mismo, por su insólita actuación de no esperar al final de la ceremonia para comprobar las credenciales.

Pudo haber ocurrido un incidente más grave, por no haberse comprobado la identidad del párroco contrayente, que habría derivado, en el caso de que no hubiera estado en regla, en una causa de nulidad como la expuesta.

**Matrimonio por poderes que sean nulos.**

Si la ceremonia no se celebra estando presentes los contrayentes y los poderes de uno de ellos o de los dos son falsos o con defectos de forma.

**Matrimonio celebrado con falta de uno de los testigos.**

Debe constar siempre la firma de al menos dos testigos.

## 2. EXISTENCIA DE IMPEDIMENTOS.

- **La edad.** El matrimonio contraído por menores de 16 años, varones, y menores de 14 años, mujeres, será nulo. Esto provoca una grave situación entre etnias distintas, en las que sí es posible el matrimonio, incluso en edades más tempranas. Pero para la iglesia, este es el límite.
- **La imposibilidad de mantener relaciones sexuales.** Esta imposibilidad debe ser anterior al matrimonio y perpetua. En este caso, no se puede pedir dispensa. La esterilidad no prohíbe el matrimonio, salvo que el otro cónyuge haya contraído matrimonio engañado por dolo y desconociera esa esterilidad.
- **El matrimonio anterior.** Es inválido el matrimonio de quién esté ligado por un vínculo matrimonial anterior, (bigamia).
- **Disparidad de cultos.** La persona bautizada no podrá contraer matrimonio con otra que no lo esté.
- **El orden sagrado (sacerdotes) y el voto público y perpetuo de castidad en un instituto religioso.** En ambos casos, se puede pedir una dispensa recibiendo el permiso de la sede apostólica y abandonando el contrayente los hábitos.
- **Delitos cometidos para contraer matrimonio.** Aquí no se puede pedir dispensa. Los casos típicos serían el rapto y el crimen. No puede haber dispensa para contraer matrimonio entre una persona que mata al cónyuge del otro. Tampoco entre un hombre y una mujer raptada.
- **El parentesco.** No pueden contraer matrimonio los padres y los hijos entre sí. Los tíos con los sobrinos, ni los primos entre sí, aunque en este caso se puede pedir la dispensa. Los parientes afines tampoco podrán contraer matrimonio canónico, entre cuñados y suegros, salvo que se obtenga la dispensa.

## 3. EL VICIO DE CONSENTIMIENTO.

Estas causas obedecen a un juicio de capacidad ¿Sabes bien lo que haces? ¿Eres capaz de tomar decisiones y comprometerte?

Esas causas enumeradas son:

1. Falta de uso de razón. Grave defecto de discreción de juicio. Causas de naturaleza psíquica.
2. Ignorancia de las propiedades esenciales del matrimonio canónico.
3. Error en la identidad de la persona o de una cualidad de la persona que afecta a la vida matrimonial.
4. Dolo provocado para obtener el consentimiento.
5. Matrimonio bajo la condición de un hecho futuro o incierto.
6. Violencia o miedo grave.

El análisis detallado de todo ello excedería los límites de esta guía.

Baste decir que se debería buscar un abogado adecuado para promover la nulidad eclesiástica, dando cumplimiento al canon 1483 del Código de Derecho Canónico:

*"El procurador y el abogado han de ser mayores de edad y de buena fama; además, el abogado debe ser católico, a no ser que el Obispo permita otra cosa y, Doctor, o, al menos, verdaderamente perito en Derecho Canónico, y contar con la aprobación del mismo Obispo".*

La buena noticia es que se ha reformado el proceso para pedir la nulidad, eliminando prácticamente en su totalidad el enorme coste económico que suponía, abriéndolo a la ciudadanía y no sólo a las clases sociales con más recursos económicos.

*Capítulo 4:*

# Separación o divorcio ¿Cuál elijo?

Visto lo anterior, ¿qué es mejor, la separación o el divorcio?

Pues depende. Si no existen terceras personas que hayan irrumpido en la relación matrimonial, y aún se mantiene la esperanza de poder arreglar la situación, la separación judicial aparece en el horizonte como una solución menos definitiva, quizás menos traumática, que invita a un periodo de reflexión de ambos. Muchos "quizás" -quizás el tiempo lo arregle, quizás nos precipitamos, quizás no lo intentamos lo suficiente, quizás aún nos queremos-. Puede ser una excelente solución, incluso también para personas muy religiosas que creen que el vínculo matrimonial es indisoluble y sólo Dios puede romperlo y no el imperio de los hombres. Tiene otra gran ventaja también: puede revocarse la separación judicial de una forma barata, rápida y sencilla. Es cierto que, aunque se haya producido un divorcio, los dos pueden volver a casarse en el futuro, pero este es un proceso bastante más complejo.

Sin embargo, si se tiene la certeza de que el matrimonio ha llegado a su fin y que no se quiere estar más con esa persona, sea por la causa que sea, habrá de apostarse por el divorcio, ya que esto liberará a ambas personas para decidir y adaptarse a una nueva vida, sin la compañía de la otra.

El principal punto en común de los dos es que ambos suponen el cese de la convivencia. Si hasta el momento el régimen económico del matrimonio era gananciales, ahora hay que proceder a la liquidación de ese régimen y desde luego, éste es uno de los escollos mayores donde pueden surgir graves enfrentamientos.

*Capítulo 5*

# *Liquidación del régimen económico del matrimonio. Reparto del dinero y propiedades*

Será bastante más compleja que la del régimen de separación de bienes, que es la otra fórmula que rige para los matrimonios.

Las personas que contraen matrimonio y tienen patrimonios previos pueden optar por este régimen, pero deben así manifestarlo con carácter previo al matrimonio, ante notario y que se inscriba dicho régimen en el Registro Civil. Si no se hace esto, el régimen económico será de gananciales. Esto presenta una excepción, debido a la existencia de derechos forales, como en Cataluña; allí el régimen es de separación de bienes, y para que sea de gananciales hay que expresamente decirlo a través de una escritura notarial. Cuando uno de los contrayentes no tiene patrimonio y el otro sí, el plantear el régimen de separación de bienes no es nada fácil desde el punto de vista emocional. Pero atendiendo a la razón, creo que es el más justo, lo haga quien lo haga. Evitará muchos problemas, si en el futuro nos depara una ruptura del vínculo matrimonial.

Si los contrayentes están igualados en tener escaso patrimonio, no se debería optar por el régimen de separación de bienes, porque lo que se construya en el futuro será de los dos, por mucho que uno tenga más fortuna en el trabajo que el otro. Los dos contribuirán, a veces de distintas formas, al sostenimiento de esa sociedad. Una vez realizada la extinción del régimen económico del matrimonio y producido el cese efectivo de la convivencia conyugal, puede quedarse la acción jurídica de separación ahí.

El vínculo matrimonial seguirá existiendo, pero si los cónyuges no quieren se frenará, obteniendo del juzgado la oportuna sentencia de separación. Con la separación, por sí misma, no será posible otro matrimonio. En la anterior regulación, para obtener el divorcio era obligatorio pasar por la separación con carácter previo y, transcurrido un plazo, ya se podía solicitar y obtener el divorcio. Eso en la actualidad ya no es así.

Por último, en el caso de la separación siempre se tiene en cuenta el caso de la reconciliación. Para ello se comunicará esta decisión al Juzgado, mediante escrito firmado por ambas partes, comunicando que han decidido volver a estar juntos y convivir en pareja. Esto dejará fuera de vigencia la sentencia de separación y se reactivará el matrimonio en las mismas condiciones en las que se contrajo. Ambos cónyuges recuperarán sus derechos y obligaciones en materia de gastos, herencias e hijos. Aunque, personalmente, espero que se piense bien cuál será el régimen económico matrimonial a partir de esa reconciliación. A lo mejor no vendría mal mantener esa extinción de sociedad ganancial un tiempo después de volver a la convivencia conyugal. Ese es mi consejo sincero, que por supuesto puede no ser compartido.

Quizás me he saltado algo que he dado por sentado respecto a los tipos de separación, que son obviamente dos:

1. **La separación de hecho:** El popularmente conocido como "ahí te quedas", que sin embargo puede generar graves problemas al que lo practique, al poder incurrir en el delito de abandono de familia, artículos 226 a 233 del Código Penal, castigados con pena de cárcel, más agravado cuando existen menores a cargo que abandona. Los célebres tópicos "me fui a por tabaco y volví a los 3 años", no son en absolutos inventos. Son muy reales.
2. **La separación judicial:** Es a la que nos hemos venido refiriendo casi en exclusiva.

La separación de hecho no provoca jurídicamente la suspensión del vínculo matrimonial ni la de su régimen económico, pero no puedo obviarla en esta guía básica.

*Capítulo 6*

# *Tipos de divorcio en el código civil. Divorcio contencioso y mutuo acuerdo*

Las dos clases en las que tradicionalmente se ha dividido el divorcio son **"mutuo acuerdo" y "contencioso"**. Las diferencias son indiscutibles. No son comparables. Por muy enrevesado que sea llegar a acuerdos, el primero no tendrá comparación con el segundo; contencioso quiere decir contienda, también enfrentamiento o incluso guerra. Vaya que lo es. Una guerra en la que, a veces, los prisioneros son los hijos, que se convierten en rehenes y moneda de cambio.

El **divorcio contencioso**, es decir, de uno contra otro, nace sin acuerdos. Le vamos a pedir a un extraño que fije el futuro de nuestra familia. En cuestiones básicas como dónde van a vivir, las pensiones que se van a fijar, cómo se van a relacionar los niños en adelante con los cónyuges (si es que hay menores), etc. En caso de no estar de acuerdo, un bonito juicio que irá acompañado de informes psicológicos para intentar descubrir los comportamientos y competencias de esos cónyuges y, si hay suerte, predecir situaciones graves futuras. Esto es muy difícil, por eso el tener que acudir a un juicio para que obtengas el divorcio, debe ser la última medida y cuando no haya más remedio. Desde aquí, no me cansaré de solicitar un acuerdo voluntario, de igual a igual, entre las partes, antes de acudir a un juicio puro y duro. Los cónyuges deben saber que un juicio contencioso de divorcio tiene graves implicaciones para la familia. Las situaciones de tensión, la pugna por los menores, los temas económicos y un largo rosario de problemas habrán de ser resueltos por un extraño, que no nos conoce de nada, que no le interesamos en absoluto y al que nuestra falta de acuerdo previo le obliga por ley para que nos *"mangonee"* (en sentido figurado) nuestra vida y futuro familiar.

Digo que no le interesamos, y es la verdad. Algunos cónyuges se empeñan en culpabilizar al otro por infidelidades o traiciones diversas, buscando un motivo causal, que ya no existe y que el juez no va a investigar. En el imaginario se ha quedado grabado que hay que encontrar un culpable, como si eso fuera a conseguir algún beneficio en el juicio contencioso. Por tanto, a mis clientes les reitero lo que tantas veces habremos oído: **"Es preferible un mal acuerdo al mejor pleito"**. Esto no quiere decir que agotadas las posibilidades de acuerdo o existiendo situaciones de violencia familiar o violencia de género, se vea que es imposible optar por la vía amistosa y del acuerdo. En este caso, la vía del juicio se hará necesaria.

El **divorcio de mutuo acuerdo**. Tiene unas enormes ventajas, empezando por el factor económico, que tan importante es en los tiempos que corren. De inicio, las dos partes eligen un mismo abogado y procurador, que los representarán a los dos. Aquí se trata de no ir a juicio, que se haga todo rápidamente y con el menor coste posible. Al haber un solo abogado y procurador, los honorarios obviamente serán el 50% inferiores a si cada uno contrata un abogado propio y procurador. Además, como el abogado sabe que no tiene que ir a juicio, también cobrará menos al ser la tramitación más reducida.

El principal trabajo será conseguir un acuerdo de todos los aspectos futuros del matrimonio que deja de existir, como pensiones, regímenes de custodia de menores, días exclusivos para cada cónyuge, liquidación pactada de los bienes del matrimonio y un largo etcétera. A veces no será fácil y dependerá mucho de la pericia del abogado y su capacidad de arbitrar para contentar a las dos partes. Si se consigue, se presentará ese escrito que se llama **"Convenio regulador"** al juez. Si hay menores, se trasladará al Ministerio Fiscal que debe velar por ley de esos menores y lo aceptará cuando no sea un perjuicio para ellos. Se ratificará el acuerdo por separado y de manera presencial ante el juez, para descartar episodios de intimidación o violencia contra ningún cónyuge y, una vez ratificado, se obtendrá la sentencia de divorcio, que deberá inscribirse en el Registro Civil.

Si, por las circunstancias que sean, el régimen establecido en el convenio regulador se incumple por alguno de los cónyuges, la ley posibilita acudir ante el Juzgado para pedir la ejecución del convenio, que tiene fuerza de sentencia legal e incluso si se pretende modificar el convenio por cambio de las circunstancias socio-económicas de los cónyuges, se podrá hacer en un procedimiento específico.

El convenio regulador si no hay hijos menores será muy reducido y atenderá a permitir que los cónyuges rehagan su vida sin muchas más especificaciones. Atenderá si hay un desequilibrio importante y desamparo de uno de los cónyuges, pero este convenio no tiene vocación de pervivir un largo periodo de tiempo.

Si hay hijos menores esto cambia, porque el límite temporal del convenio no sólo llegará a la mayoría de edad de los descendientes, sino incluso varios años después, hasta que puedan valerse por sí mismos.

## ÚNICO REQUISITO PARA SOLICITAR EL DIVORCIO:

El único requisito para poder solicitar el divorcio es que hayan transcurrido al menos, **tres meses** desde la celebración del matrimonio. Quiero comentar que el padre deudor de alimentos puede solicitar la extinción de la obligación de alimentos al hijo mayor cuando se acredite que hay ausencia de relación entre ambos, no siendo achacable, como es claro, al padre o madre que tiene la obligación de abonar la pensión de alimentos. Aunque esto tendrá que probarse en un procedimiento con todas las garantías. La mera formulación de la pretensión no conseguirá el mencionado efecto jurídico.

*Capítulo 7*

# *¿Qué necesito para divorciarme? ¿Quién puede pedirlo?*

Toda persona puede separarse o divorciarse a los tres meses de haber contraído matrimonio. Esta es la regla general, pero si existe riesgo para la vida, integridad física, la libertad, la integridad moral o indemnidad sexual del cónyuge demandante o de los hijos previos de uno de ellos o existentes, en ese caso, en cualquier momento se puede solicitar el divorcio.

La indemnidad sexual es el derecho que tiene toda persona a no sufrir interferencia en la formación de su propia sexualidad. Por ejemplo, sufrir una agresión sexual, abusos sexuales, prostituir al cónyuge, etc., actos cometidos en el seno del matrimonio y contra el otro cónyuge.

*Capítulo 8*

# *Efectos del divorcio*

El principal efecto del divorcio es la ruptura completa del vínculo matrimonial. Tu esposo/esposa debe de estar casado/a legalmente contigo. Esto trae la primera consecuencia: la separación y división de los bienes del matrimonio.

Comienza lo que puede ser una dura batalla o, a veces, es más simple de lo que parece: cuantos menos bienes se tengan, más fácil es el reparto. Esto es obvio. Volvemos otra vez a marcar la diferencia entre conseguir un acuerdo o no hacerlo.

Si hacemos un acuerdo, las dos partes habrán llegado al final del túnel. ¿Difícil? No tanto, se debe imponer la sensatez y la lógica.

Sé que es muy complicado obviar los odios pero hay que hacerlo. Siempre es más fácil destruir que construir. Sí, digo construir, porque estaremos creando una mejor relación futura entre los que fueron cónyuges, si no van de cabeza a "la guerra". ¿Cómo se debe repartir? El sentido común y el Derecho lo tienen escrito: **al 50%**, así que sobran los listos que pretendan engañar a la otra parte.

¿Lo mejor? Tasar la vivienda descontando las cargas (la hipoteca, normalmente) y el valor resultante se divide por dos, si lo que se pretende y puede es vender la vivienda porque no hay hijos menores, por ejemplo. Si los hay la cosa cambia, ya que hay que designar un hogar familiar. Aun así, de mutuo acuerdo, es posible la venta de ese bien. Los bienes personales de los cónyuges son de cada uno y no son divisibles.

Hay que realizar, por tanto:

1. Inventario de bienes.
2. Ver las deudas del matrimonio y su posible pago.
3. El resto se divide entre los cónyuges.

Todo esto no lo digo yo, está escrito en el Código Civil, artículos 1396 a 1404.

Si hay una parte especialmente desfavorecida, porque no trabaja o no tiene ingresos propios, podría pedir una pensión compensatoria al otro cónyuge.

En resumen, los dos efectos fundamentales del divorcio serán:

- El fin del matrimonio.
- La disolución de la sociedad de gananciales y su reparto.

*Capítulo 9*

# Otras formas de divorciarse, pero casi son la misma. Ante notario. Divorcio Exprés

**DIVORCIO EXPRÉS:** Es un procedimiento introducido por la Ley 15 de 2005 de Jurisdicción Voluntaria. En palabras más sencillas, dos personas pueden divorciarse sin tener que acudir a la vía judicial.

Lógicamente, será necesario presentar un convenio regulador, por lo que se debería contactar con un abogado experto en derecho de familia, para su elaboración y desarrollo. Este divorcio no es que sea un tipo nuevo, ya que estaría encuadrado en el **"Divorcio de**

**mutuo acuerdo"**. Tendría que cumplir el resto de los requisitos necesarios para divorciarse en esta categoría, es decir:

1. Divorciarse de mutuo acuerdo.
2. Presentar un convenio regulador.
3. No tener hijos menores a cargo.
4. Llevar al menos tres meses de casados.
5. Residir en España.
6. Acudir a un notario.

El análisis pormenorizado de estos requisitos es similar al divorcio de mutuo acuerdo general, esto es:

- Un solo abogado y procurador.
- Un convenio regulador que determine las relaciones futuras entre cónyuges, el destino del patrimonio común y su final. (Liquidación del régimen económico matrimonial).
- Ausencia de hijos menores, con lo que no se tiene que dar traslado al Ministerio Fiscal. Esto supone un gran ahorro de tiempo y tramitación. En un solo documento quedará plasmado todo.
- Existencia de hijos menores. También podrá hacerse, pero la tramitación se demorará más, ya que hay que dar cuenta de esos acuerdos al Ministerio Fiscal, que es el responsable de velar por los menores. No se tramitará ningún acuerdo que ponga en peligro la estabilidad física o emocional de los pequeños.

**DIVORCIO NOTARIAL:** Realmente es una modalidad del de mutuo acuerdo. Únicamente no deberán existir hijos menores a cargo del matrimonio. Se presenta, también, un convenio regulador que recoja todos los aspectos, como uso de la vivienda y elementos de la misma, cómo ambos van a contribuir a los gastos comunes que persistan, una vez resuelto y extinguido el matrimonio, (imaginemos una hipoteca conjunta a la que le faltan varios años para su finalización), y fijación, si procede, de una pensión compensatoria para el cónyuge, que queda en una peor situación económica.

Si no se presenta este convenio regulador, aunque se cierre el documento notarial, para ser plenamente efectivo se necesitará acudir a la vía judicial. De ahí la importancia de que se llegue a un acuerdo entre las partes, plasmado en un documento notarial.

Hay supuestos en los que el Notario no autorizará el divorcio. Esto podrá pasar si:

1. Falta el convenio regulador.
2. Hay hijos mayores que no consienten en el divorcio e incluso menores que cuenten con la emancipación legal.
3. Que el convenio contenga acuerdos engañosos y/o contra los intereses de los hijos o para alguna de las partes.
4. Incumplimiento de alguno de los requisitos necesarios para optar por esta vía.

En estos casos, el Notario, que también es un representante de la legalidad, podrá cerrar el acta notarial, dar por cerrado y frustrado el expediente, debiendo los cónyuges tramitar el divorcio por la vía judicial.

**DIVORCIO ON LINE:** Las nuevas tecnologías permiten realizar muchos trámites sin tener que acudir físicamente a un despacho de abogados. ¿Esto quiere decir que en ningún caso habrá que presentarse en el Juzgado? Pues NO.

El Juzgado siempre ha de asegurarse que las partes libremente pactan un acuerdo, sin que medie violencia o intimidación en forma de amenazas. Para ello, deberán ratificar en el Juzgado el convenio regulador, tantas veces mencionado. Esto nos acerca a observar que estamos ante un divorcio de mutuo acuerdo y que, por tanto, comparte las características del mismo, ya profusamente explicadas. Es decir, hay un solo abogado y procurador y existen unos acuerdos básicos plasmados en un convenio regulador. Ya sabemos que este convenio es de vital importancia si hay hijos menores o bienes que repartir.

Pero, ¿cómo funciona? Lo normal es que ambos cónyuges rellenen un formulario con los datos necesarios, para que el abogado de turno redacte un modelo de convenio regulador. Adaptará los pactos a los que han llegado los cónyuges plasmándolo en un convenio regulador que deberá remitirse por e-mail a las partes, para que lo revisen y manifiesten su acuerdo.

Una vez tenida la conformidad de los cónyuges, se envía esta demanda al Juzgado. Posteriormente recibida y admitida a trámite, se dará día y hora para su ratificación individual y separadamente por ambos cónyuges. Si el proceso sigue adelante, una vez firmado y ratificado por el juez, se decretará el divorcio.

Como se ve, el proceso no es tan "on line" como se pretende, siendo imprescindible aún el juez que determine que la ley no se vea alterada en ningún momento de la tramitación, respetándose la normativa vigente en cada paso.

El proceso es más barato, sobre todo porque los cónyuges se ahorran costes económicos al no tener que hacer las visitas al despacho de abogados en cuestión. En la ratificación, como no hay contencioso, contienda o guerra entre el matrimonio, no hay intervención del abogado.

La documentación a aportar por los cónyuges será:

- Certificado de matrimonio. (Esto se pide en el Registro Civil y tiene un periodo de validez de tres meses).
- Certificado de nacimiento de los hijos.
- Certificado de Empadronamiento.
- Comprobar el régimen económico del matrimonio. Si es ganancial no hay que hacer nada, pero si es de separación de bienes habrá de aportarse la escritura que lo determina, que se llama "Escritura de Capitulaciones Matrimoniales".
- Si se tienen bienes: Relación de los mismos, aportando escrituras y documentación que se tenga de todos y cada uno de ellos. Si hay hipotecas, recibos de préstamos de vehículos, etc. también deberían aportarse.

Los requisitos para optar por esta vía *on line* son los mismos (estar casados al menos desde hace tres meses, y el mutuo acuerdo reflejado en el convenio regulador), y en unos dos meses podría conseguirse este divorcio.

*Capítulo 10*

# La demanda de divorcio contencioso

Para una mejor comprensión de este tema, vamos a generar de manera esquemática el modelo de demanda de divorcio contencioso y el de mutuo acuerdo:

## A) DEMANDA DE DIVORCIO CONTENCIOSO

## B) DEMANDA DE DIVORCIO DE MUTUO ACUERDO

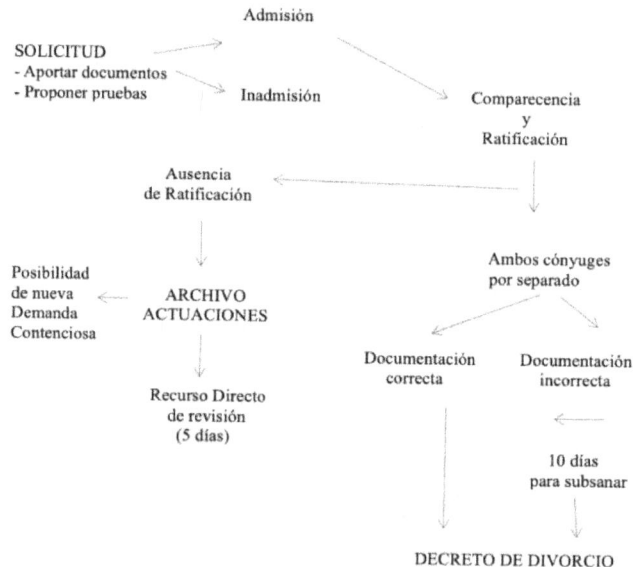

*Capítulo 11*

# *Juicio de divorcio contencioso en sede judicial y su formulario*

## **MODELO DE DEMANDA DE DIVORCIO CONTENCIOSO**

AL JUZGADO DE 1ª INSTANCIA QUE POR TURNO

CORRESPONDA

D./Dª _____,

Procurador/a de los Tribunales de _____, en nombre y representación de Don/ña

_____,

mediante poder otorgado y que se acompaña como *doc-1*, del cual pido su devolución, una vez que quede acreditada la representación y bajo la asistencia letrada de D./Dª

_____

_____, con n.º de colegiado/a _____ ante el Juzgado comparezco y como mejor proceda en Derecho

DIGO

Que por medio del presente escrito y en nombre y representación acreditada vengo a interponer **DEMANDA DE DIVORCIO CONTENCIOSO** contra DON/DOÑA _____, mayor de edad, casado/a, domiciliado/a en _____, calle _____, con DNI y NIF _____, al amparo del artículo 81.2 del Código Civil: "A petición de uno de los cónyuges, una vez transcurridos tres meses desde la celebración del matrimonio..." y que deberá seguir los trámites previstos en el artículo 770 y siguientes de la Ley de Enjuiciamiento Civil, resultando precisa la intervención del Ministerio Fiscal, al existir MENORES DE EDAD. Que baso la presente en los siguientes

HECHOS

PRIMERO.- Que mi representado/a, D/Dª _____ contrajo matrimonio con el/la hoy demandado/a, D/Dª _____ en _____, el día _____, según consta en el Registro Civil de la localidad _____ al Tomo _____, página _____, sección _____. Se acompaña como **doc-2** Certificado literal del matrimonio.

SEGUNDO.- De dicha unión conyugal han nacido y viven dos hijos, menores de edad:

- D/Dª _____,

    nacido en _____, según consta en el Registro Civil

de la localidad _____ al Tomo _____, página \_\_\_\_\_, sección \_\_\_\_\_. Cuenta hoy, por tanto, con \_\_\_\_\_ años, siendo menor de edad.

- D/Dª _____, nacido en _____, según consta en el Registro Civil de la localidad _____ al Tomo _____, página \_\_\_\_\_, sección \_\_\_\_\_. Cuenta hoy, por tanto, con \_\_\_\_\_ años, siendo menor de edad.

Se acompañan como **doc-3** y **doc-4**, certificaciones literales de los nacimientos de los hijos.

**TERCERO.- <u>DOMICILIO CONYUGAL</u>.**

El domicilio conyugal ha sido hasta ahora en la calle _____ de la localidad de _____. Dicho domicilio es propiedad de ambos cónyuges y está inscrita en el Registro de la Propiedad _____ de _____ al tomo _____, folio _____, finca _____. Pertenece en régimen de gananciales a ambos cónyuges. Dicha vivienda se encuentra gravada con un préstamo hipotecario de la entidad _____, del cual queda pendiente de amortizar la cantidad de _____ a fecha actual. Los datos del préstamo vigente son entidad _____, capital solicitado _____, capital pendiente _____, vencimiento préstamo _____, con lo que quedan _____ años para la finalización del mismo.

CUARTO.- RÉGIMEN ECONÓMICO MATRIMONIAL.

Que el régimen económico matrimonial es el de gananciales y habrá de liquidarse el mismo con la finalización del proceso de divorcio.

QUINTO.- CUMPLIMIENTO DEL REQUISITO PARA DECRETAR EL MATRIMONIO.

No es necesaria la alegación de causa, motivación o justificación para instar el presente divorcio. Queda acreditado por la documental, ya adjuntada, que han transcurrido ya más de tres meses desde la celebración del matrimonio.

SEXTO.- MEDIDAS PROVISIONALES PROPUESTAS.

**A) DE LA GUARDIA Y CUSTODIA.**

Los hijos menores de edad quedarán a cargo de la madre, pudiendo tener un contacto directo y continuo con el padre, con el que mantienen magnífica relación y no se opone la madre, aunque para la debida organización familiar, se establecerán unos días y horas para facilitar el contacto con los menores por parte del padre no conviviente. Más adelante se establecerá dicho régimen.

## B) ATRIBUCIÓN DEL HOGAR FAMILIAR.

Mi mandante abandonará el hogar familiar, viviendo por el momento en una vivienda de su familia, en el mismo barrio, con dos dormitorios, que permitirán la pernocta de los menores cuando le toque en su régimen de visitas. El domicilio seguirá de la madre y de los menores siendo el habitual de la familia, no estando interesados de momento en la venta de dicho domicilio.

## C) DEL ABONO DE LA HIPOTECA.

Mi mandante seguirá haciéndose cargo de la cuota hipotecaria de la misma, si no cambian las circunstancias actuales y la madre se incorpora al mercado de trabajo.

## D) PENSIÓN DE ALIMENTOS.

La establecida y propuesta en las medidas provisionalísimas se elevan a definitivas, tasándose en la cantidad de _____, incluidos gastos generales ordinarios y extraordinarios y pensión de alimentos al cónyuge custodio e hijos menores.

## E) PENSIÓN COMPENSATORIA.

En este caso procede el establecimiento de pensión compensatoria del cónyuge

_____ al otro cónyuge que no tiene trabajo externo. Debido a los altos ingresos por rendimientos del trabajo y otros, se establece una pensión de _____ mensuales, que se mantendrá durante la minoría de edad de los hijos, pudiendo modificarse si el cónyuge consigue trabajo remunerado, ya que expresa su deseo de reanudar su carrera profesional en el futuro.

A todos estos hechos le son de aplicación los siguientes

FUNDAMENTOS DE DERECHO

I

(JURISDICCIÓN)

II

(COMPETENCIA)

III

(LEGITIMACIÓN)

IV

(NECESIDAD DE INTERVENCIÓN MINISTERIO FISCAL)

V

(FONDO DEL ASUNTO)

Este fundamento jurídico, quizás sea el más importante. Aquí se puede pedir la guardia y custodia compartida, en base al artículo 92 del Código Civil. De unos pocos años para acá se ha ido modificando la visión de jueces y juezas y lo que antes era abrumadoramente concedido a la mujer, está en un profundo periodo de reflexión y cambio.

Es obvio que un mayor deseo de involucrarse los cónyuges en la vida, cuidado y atención de los menores ha logrado convencer a los jueces en aplicar la guardia y custodia conjunta. Sobre todo, se trata de no perturbar la vida de los menores, y hay fórmulas para todos los gustos. Padres que se van turnando en el domicilio familiar cada 15 días o traslados de los menores, pero teniendo claro que se les incomode lo mínimo y que sigan con su vida. Esto implica mismo colegio, mismos amigos, etc. Todo por el bienestar del menor.

A veces, uno de los cónyuges no entiende la pérdida del poder total de la guardia y custodia atribuida a una parte en exclusiva. Pero este pensamiento apriorístico se ve superado por la objetiva mejor situación de los menores, que no pierden a uno de los progenitores y dejan de ser, al mismo tiempo, piezas de ajedrez del enfrentamiento conyugal.

Los padres, a su vez, se sienten más liberados, tienen más tiempo para rehabilitar sus propias relaciones sociales y ven que funciona mejor tener a los niños ajenos a la batalla de desgaste que supone el divorcio. Es obvio que en todos los casos no se podrá dar, pero reivindico que se explore esta vía si es posible. Si uno vive en Sevilla y otro en Madrid es imposible, pero quitado los casos extremos, éste puede ser uno de los mejores acuerdos que se van a conseguir en el juicio de divorcio, por encima, incluso, de los acuerdos económicos.

Siguiendo con el esquema de la demanda, se adjuntarán resoluciones de tribunales superiores para apoyar nuestras reivindicaciones, y pediremos la condena en costas para el otro cónyuge. A continuación, y en ausencia de un convenio regulador mutuamente acordado por los cónyuges, pediremos una serie de medidas al juzgado que versarán sobre:

1) **La patria potestad.** Lo normal es que se pida que se ejerza por ambos cónyuges, pero en algunos casos se llega a negar la patria potestad del otro cónyuge.

2) **La guardia y custodia.** Atenderá a qué queremos nosotros. El Juzgado determinará lo mejor para el interés del menor. Es más importante la contestación del otro cónyuge si pide la compartida o no.

3) **Régimen de visitas.**
    - Durante la semana.
    - Durante los fines de semana.
    - Durante los festivos y puentes.
    - Periodos de vacaciones.

- Otros periodos. Alude a cumpleaños, puentes largos, Día de la Madre o del Padre, Semana Blanca, etc.

4) **Comunicaciones telefónicas.**

OTROSÍ DIGO PRIMERO

Que a efectos de acreditar la capacidad económica de la esposa o del esposo y de conformidad con lo dispuesto en los artículos 2 a 3 y siguientes y artículos 328 y siguientes de la LEC, interesa al derecho de esta parte la práctica de la prueba documental consistente en:

- Oficio a la Seguridad Social para Informe sobre Vida Laboral.

- Etc.

OTROSÍ DIGO SEGUNDO

Que en virtud del artículo 339 de la LEC solicita esta parte informe psicosocial por el gabinete adscrito al Juzgado de la unidad familiar.

Esta es la prueba por excelencia a la que se tendrán que someter los cónyuges. Una batería de preguntas para hallar *"la verdad"* de cómo son los mismos. Digo la verdad, pero podría decir cualquier otra cosa. Unos extraños buscan si los cónyuges son o no aptos para estar con sus hijos, educarlos y orientarlos. ¿De verdad alguien piensa que una batería de preguntas va a arrojar la verdad de lo que son los cónyuges? Yo no lo creo, pero habrá inexorablemente que pasar por ello y, salvo que el sujeto cónyuge presente unos notables desequilibrios, el equipo psicosocial dictaminará que ambos son, en teoría, aptos para estar con sus hijos.

**AL JUZGADO SUPLICO** que admita el presente escrito.

Es justicia que pido, etc.

*Capítulo 12*

# La demanda de divorcio de mutuo acuerdo y su formulario

Podríamos decir que esta demanda es la mayoritariamente usada en el procedimiento de divorcio. De hecho, de esos cien mil divorcios al año, el 80% se producen con este tipo de demandas. No me cansaré de reivindicar tanto esta demanda como este procedimiento, basado en el acuerdo.

No sólo es que estadísticamente refleja una realidad de preferencias de las personas que se enfrentan a esto, es que supone la mejor terapia posible, porque cuando te das cuenta que no vas a vencer, a destrozar, a machacar a tu otro cónyuge, no sé por qué pero te relajas. De pronto, el factor emocional que tan arriba está en nuestra cabeza, empieza a bajar y empiezas a pensar en lo mejor, en sacar lo mejor, no sólo económicamente, que también, sino lo mejor, para nuestros hijos.

Piensas en los regímenes de visita, custodia, etc. Sabes que el acuerdo tiene que ser necesariamente equilibrado, por lo que muchos imposibles que nos rodean la cabeza se van a quedar ahí, en ese limbo imaginario. Además (y esto es un pensamiento mío), el pensar en esos acuerdos es una fase fundamental del proceso de curación y sanación que las garras del divorcio van a provocar en nuestro cuerpo. Creo que, de alguna extraña manera, al pensar en un acuerdo estás pensando en positivo. Por sí sólo no curará nada, pero se ha armado una vía de contacto y comunicación, imposible de pensar cuando el odio y el factor emocional estaba subido al máximo.

Repasar el convenio regulador creo que es el comienzo de la sanación. Si encima se culmina con un acuerdo que habrá de ser satisfactorio para las dos partes (aunque no necesariamente sea muy satisfactorio), y admisible por un tercero que no nos conoce de nada, desde luego será una importante ayuda para no tener que recurrir, en muchos casos, a la amplia formación que tenemos para estos temas. Por tanto, reivindico menos pastillas y más acuerdos.

Aquí voy a transcribir, brevemente, un esquema de demanda de divorcio de mutuo acuerdo. Lo más importante es que esta demanda irá acompañada del CONVENIO REGULADOR. Esta palabreja, que nos evoca leyes laborales, tiene poco que ver con las mismas, pero sí tiene como finalidad regular las futuras relaciones de la familia, poniendo orden y sensatez -o al menos intentándolo-. No seamos estúpidos, no deja de ser un artificio humano y, por tanto, dista mucho de su perfección. Habrá de conformarse con no estropear más de lo que el divorcio ya ha estropeado.

Vamos con las transcripciones de la demanda de divorcio de mutuo acuerdo y su documento principal, el Convenio Regulador.

## **MODELO DEMANDA DE DIVORCIO DE MUTUO ACUERDO**

D/Dª _____ Procurador/a de los Tribunales y de Don _____, con DNI y NIF n.º _____ y de Doña _____, con DNI y NIF n.º _____, cada uno de ellos con domicilio en _____, calle

_____ y en _____, calle _____, respectivamente, según se acredita mediante copia auténtica de Escritura de Poderes, que acompañamos a la presente Demanda como ***documento n.º 1***, ante el Juzgado comparezco y como mejor proceda en derecho

DIGO

Que en la representación que ostento de Don _____ y Doña _____, bajo la dirección técnica de D/Dª _____, Colegiado/a n.º _____ del Colegio de Abogados de _____, con despacho profesional en la calle _____ de _____, y por medio del presente escrito de conformidad con lo establecido en el artículo 86 del Código Civil, a tenor del cauce y procedimiento establecido en el artículo 777 de la LEC.

Todo ello en base a los siguientes

H E C H O S

**PRIMERO**. - Mis representados contrajeron matrimonio el día __ de _____ de ____. Adjunto certificado de inscripción de matrimonio en el Registro Civil como ***documento n.º 2***.

**SEGUNDO**. - De dicha unión nacieron dos hijos, que en la actualidad son menores de edad. Adjunto como ***documento n.º 3*** y ***documento n.º 4*** certificados de la inscripción de sus nacimientos.

**TERCERO.** - Que el último domicilio familiar es el establecido en la calle _____ de _____.

**CUARTO.** - Que como consecuencia de distintos problemas surgidos en la convivencia familiar y después de haberlo reflexionado ambos cónyuges, han tomado la decisión de poner fin al matrimonio instando la disolución del mismo y suscribiendo el convenio regulador que proponen en este momento para su aprobación. Se adjunta el convenio como ***documento n.º 5***.

A los anteriores hechos les son de aplicación los siguientes

## FUNDAMENTOS DE DERECHO

## I y II

### (JURISDICCIÓN Y COMPETENCIA)

Es competencia de la Jurisdicción Civil, conforme a lo establecido en el artículo 117.3 de la Constitución Española. En este caso, es competente el Juzgado de 1ª Instancia de la localidad de _____.

## III

### (LEGITIMACIÓN)

Ambos cónyuges están legitimados para ejercitar la presente acción.

## IV

(REQUISITO NECESARIO)

El artículo 86 del Código Civil establece que se decretará judicialmente el divorcio, cualquiera que sea la forma de celebración del matrimonio, a petición de uno sólo de los cónyuges, de ambos o de uno con el consentimiento del otro, cuando concurran los requisitos y circunstancias exigidos, toda vez que ha transcurrido con exceso el plazo de tres meses desde la celebración del matrimonio.

V

(PROCEDIMIENTO)

Que la presente demanda ha de sustanciarse conforme al procedimiento establecido en el artículo 777 de la Ley 1/2000 de 7 de enero, por tratarse de una solicitud presentada por ambos cónyuges de común acuerdo.

## VI

### (EFECTOS)

Habrán de ser los solicitados en el Convenio Regulador, que se adjunta para su aprobación judicial, a tenor de lo dispuesto en el artículo 90 del Código Civil.

## VII

### (CUANTÍA Y COSTAS)

La cuantía del presente procedimiento se establece como indeterminada y no procede hacer expresa declaración sobre las costas judiciales.

Por todo lo expuesto,

**SUPLICO AL JUZGADO**, que teniendo por presentado este escrito junto con los documentos que lo acompañan, procedan a requerir a los cónyuges para que a presencia judicial se ratifiquen por separado y voluntariamente de la presente solicitud de demanda de divorcio de mutuo acuerdo y de los extremos contenidos en el convenio regulador, por la que se declare, una vez dado traslado de la misma al Ministerio Fiscal:

1. Dé sentencia estimatoria de divorcio y declare disuelto el matrimonio.
2. Aprobación judicial del Convenio Regulador y sus efectos.
3. Expedición de los mandamientos necesarios para su constancia en el Registro Civil.

**SUPLICO AL JUZGADO**, se sirva acordar su desglose y devolución, una vez tomado testimonio suficiente en autos.

Es justicia que pido en _____, a \_\_\_\_ de _____ de _____.

Fdo. Colegiado/a n.º _____          Fdo. El/La Procurador/a.

Como puede verse, todo sencillez y ausencia de disputa. Así acaban el 80% de los procesos de divorcio.

*Capítulo 13*

# El convenio regulador

Ahora incluimos un modelo de Convenio Regulador, para su mejor comprensión:

# **CONVENIO REGULADOR SIN LIQUIDACIÓN DE GANANCIALES, EXISTENCIA DE MENORES**

"En la ciudad de _____

**REUNIDOS**

**De una parte,** Don/*Doña* _____, mayor de edad, con profesión _____, vecino/a de _____, domiciliado/a en _____ y DNI y NIF _____.

**De otra parte,** Don/*Doña* _____, mayor de edad, con profesión _____, vecino/a de _____, domiciliado/a en _____ y DNI y NIF _____.

**INTERVIENEN**

Ambos comparecientes lo efectúan en su propio nombre y derecho, reconociéndose recíprocamente la capacidad legal bastante para otorgar el presente CONVENIO, por lo que de común acuerdo:

**DECLARAN**

A) Que contrajeron matrimonio en la ciudad de _____ en el que se encuentra inscrito el matrimonio en el Registro Civil de la citada localidad.

B) Que de dicho matrimonio han nacido y viven \_\_\_ hijo/as, llamado/a_____, nacido/a el día _____ y _____, nacido/a el día _____. Ambos/as están inscritos/as desde su nacimiento en el Registro Civil _____, por lo que ambos/as son menores de edad.

C) Han convenido en solicitar la separación judicial de mutuo acuerdo, prestando ambos el consentimiento, a tal fin, en este acto y la consiguiente cesación de la convivencia conyugal, facultándose recíprocamente para que incluso cada compareciente pueda solicitar la separación judicial de común acuerdo, prestando ambos el consentimiento del otro para este acto, facultándose recíprocamente para ello.

D) Habida cuenta de lo anteriormente expuesto, otorgan y firman el presente convenio, para que en lo sucesivo sus relaciones económico familiares se regulen con arreglo a las siguientes

## ESTIPULACIONES

**PRIMERA. -** Cada uno de los comparecientes se compromete a no interferir en la vida y actividades del otro. Ambos se autorizan para designar libremente un nuevo domicilio, únicamente en la misma localidad o en un radio de 30 km a la redonda de la actual. Para otros traslados más lejanos, ambas partes deberán estar conformes.

El uso del que ha sido el domicilio conyugal, sito en _____, calle _____, se atribuye a Don/Doña _____, sin perjuicio del carácter ganancial del mismo.

De la citada residencia se ha retirado por parte del cónyuge no conviviente todos sus enseres, bienes, vestidos e igualmente ha entregado todas las copias de las llaves a Don/Doña _____.

**SEGUNDA.** - Los/as hijos/as del matrimonio permanecerán bajo la guardia y custodia del padre/madre en el domicilio familiar. Todo ello sin perjuicio de la patria potestad.

Se establece para el cónyuge no conviviente un régimen de vivistas consistente en:

a) Los fines de semana alternos, desde el viernes a las 19 horas o desde que los/as hijos/as acaben sus actividades, hasta el domingo a las 19 horas, en el que se le entregarán al otro cónyuge en el domicilio familiar.

b) La mitad de los periodos vacacionales escolares o académicos de los/las menores en Navidad y Semana Santa, para cuyo cómputo se tendrán en cuenta los periodos que así lo sean en el lugar de residencia o domicilio de los/las menores, sobre todo en caso de residir los padres en distintas localidades. Para la determinación de la mitad correspondiente a cada progenitor, estos procurarán llevarlo de común acuerdo y, en su defecto, el padre decidirá los años impares y la madre los pares. Si en su cómputo total por días, en ese periodo resultase que son impares, se entenderá que el periodo se subdivide en dos idénticos, y el día impar será justo el que separe los dos periodos, de forma que si el primero periodo subdividido ha permanecido con uno de sus padres, desde las 14 horas de ese día impar y divisorio de los dos periodos, podrán estar con el otro cónyuge.

c) La mitad de los periodos vacacionales en verano. Tal periodo se concreta a los meses de julio y agosto, o lo que es lo mismo, un progenitor permanecerá con los/las hijos/as durante el mes de julio y otro durante el mes de agosto. Para la elección del periodo correspondiente, ambos progenitores procurarán llevarlo a cabo de común acuerdo y en defecto, de acuerdo la madre decidirá los años pares y el padre los impares.

d) El presente régimen de comunicación y visitas se entenderá sin perjuicio de los/las hijos/as a campamentos o cursos de verano.

e) El padre/madre podrá comunicarse telefónicamente cuando lo estime conveniente, en horas oportunas al normal y cotidiano desarrollo de las vidas de los/las menores.

**TERCERA.** - Como contribución a las cargas del matrimonio se fija una prestación mensual de alimentos y cargas del matrimonio de _____ que se abonará del día 1 al 5 de cada mes. Dicha cantidad se revisará anualmente, ajustándola al I.P.C.

Don/Doña _____ contribuirá también a los gastos extraordinarios del matrimonio al 50%, incluyendo gastos médicos y escolares.

**CUARTA.** - Don/Doña _____ abonará también la cantidad de _____ mensual, en concepto de pensión compensatoria derivada del desequilibrio económico del cónyuge más desfavorecido económicamente. Se abonará del día 1 al 5 de cada mes.

Y en prueba de conformidad, se suscribe el presente documento por duplicado ejemplar."

Hasta aquí, puede haber distintas variaciones a este convenio. Puede liquidarse la sociedad de gananciales, los regímenes de visitas y comunicación, siempre que respetemos la igualdad entre cónyuges y, por tanto, no atentemos contra los derechos del no conviviente.

El convenio regulador es un convenio de mínimos. Lo ideal sería dejarlo aparcado en un cajón y mantener un espíritu colaborativo con la parte no conviviente. Va en beneficio de los hijos y a veces surgen situaciones extraordinarias, que pueden no ser exactamente las fijadas en el convenio. Pero el convenio es sólo un papel. Un papel valioso, que usarás si los incumplimientos son flagrantes y contra el interés del menor.

Pero de la buena relación que se respire en el ámbito familiar, se podrá ser más o menos condescendiente con la aplicación estricta del convenio. De ambos depende no tener que meter a cada paso a un extraño que viste toga.

*Capítulo 14*

# La custodia compartida y la patria potestad

Habrás oído hablar mucho sobre la custodia compartida. En esencia es que ya no hay un cónyuge con el que, en exclusiva, van a residir los menores. Quizás desde la aprobación del divorcio, a finales de los años 70, sea la institución que más cambios ha sufrido. Hasta hace bien poco, no más de diez años, era la opinión mayoritaria de la curia judicial determinar que el menor estaba mejor con la madre. No había discusión, ni siquiera planteable, salvo que la madre fuera un auténtico desastre y peligro para el menor. Profesionalmente, he visto cómo una mujer que acreditó que se dedicaba a la prostitución mantuvo la custodia de su hijo, contra el criterio del ministerio fiscal, por esa programación mental de los jueces de preferir a la madre ante el padre.

Bueno, esto ya ha cambiado. Los padres, algunos cantamos victoria, se han incorporado a responsabilizarse en el cuidado de sus hijos, y se han planteado múltiples peticiones que han llevado a los jueces y juezas (no olvidemos que el 80% de los jueces son mujeres) a empezar a otorgar una paridad o igualdad a los dos cónyuges. Si cualquiera de ellos demuestra capacidad, medios e intención, normalmente, obtendrían la custodia compartida.

Esto creo que también supone un triunfo para la mujer. Se saca de la contienda a los hijos y puede realmente volver a empezar su vida, como cualquiera, recuperando un tiempo de ocio y vida que bajo el cuidado de los menores es más difícil. Así que muchas, recuperadas de ese trauma de pérdida de exclusividad de la custodia, saborean los gustos de libertad que supone esa ayuda real en el cuidado de sus hijos.

Como yo digo, también es la prueba del algodón para muchos padres. Los responsables pedirán la compartida, los otros buscarán excusas de mal pagador para seguir disfrutando de su nueva soltería, en la que practicarán incansablemente "la carrera del hámster". Darán vueltas y vueltas a la rueda hasta que encuentren a una nueva pareja, que en muchos casos hasta se parecerá a la antigua, pero su "espíritu" se serenará y entrará en otra relación. Vale, son clichés, pero no me los invento. Sé que hay muchas personas que se van a ver reconocidas en este texto, si alguna vez llega a sus manos. Pero la custodia compartida, que ha venido para quedarse, es una prueba de fuego para el que no la pide. Y desde luego, aunque pueda haber causas justificadas, si vive en la misma localidad, no lo puede justificar.

## LA PATRIA POTESTAD. CAUSAS DE SU PÉRDIDA.

Damos por supuesto que la patria potestad la tenemos siempre y en todo momento compartida por el otro cónyuge. Esto NO ES ASÍ. Hay casos sangrantes con episodios de violencia, incluso en los que es conveniente desposeer de la misma al padre o a la madre. La regla general es que la ejercerán los dos de manera conjunta, pero habrá excepciones a esta regla.

## CAUSAS DE PÉRDIDA DE LA PATRIA POTESTAD. SUSPENSIÓN.

La extinción de la patria potestad se establece en el artículo 169 a 171 del Código Civil y es muy claro, se extingue por:

1. Muerte de los padres.
2. Emancipación del hijo menor.
3. Adopción del hijo por tercero.

Diferente es la suspensión de la patria potestad.

Para tomar la medida de la suspensión de la patria potestad, esta se puede dar porque el padre o la madre hayan desatendido, por mucho tiempo y sin justificación alguna, las obligaciones afectivas y económicas para con el menor. Pero tiene un gran límite que se preguntará el Juzgado: ¿Es beneficioso o perjudicial para el menor? Esta es la clave de esta suspensión. El juez tendrá que valorar esta circunstancia. Por lo que esperará a que el padre/la madre desafecta cuente la razón del alejamiento del menor durante largo tiempo y también será importante ver el sostén familiar que acompaña a ese padre/esa madre amenazado/a por la suspensión.

Si esa persona tiene adicciones, si está siendo tratada, si tiene antecedentes penales por delitos sexuales o pornografía infantil, puede ser elevado al Juzgado y finalmente suspendida la patria potestad. Si evidentemente todo ello va a en perjuicio del menor, esto es bien factible que ocurra.

El límite estará en el interés real del menor, y la respuesta judicial vendrá condicionada por esta particularidad. Recordemos que una medida de este tipo hará perder "legalmente" al hijo de un padre o de una madre, pero también de un abuelo, de una abuela, de un tío, de unos primos, en definitiva, de una rama de la familia que se evaporará casi para siempre. Por ello, le damos una gran responsabilidad al juez, convertido en verdugo civil de un progenitor y de toda su familia. Sólo le pido que acierte.

*Capítulo 15*

# ¿Qué pasa si sufres violencia de género en tu proceso de divorcio? La orden de protección. Diversas cuestiones. Recursos sociales

Si tienes la enorme desgracia de estar en esta situación, lo primero que debes saber es que tu caso irá a un juzgado especial. Seguirá siendo un Juzgado de Primera Instancia, pero con una mayor especialización, que se denominará **"Juzgado de Violencia de Género"**. Se trata de un desarrollo de la Ley llamada popularmente de "Violencia de Género" de 2004. Cuando se producen hechos que pueden ser catalogados de violentos contra la mujer (única destinataria de esta ley) y habiéndose iniciado un procedimiento penal por lesiones, amenazas, maltrato psicológico, etc., si el cónyuge mujer decide iniciar el procedimiento de separación o divorcio lo podría llevar a cabo ante el Juzgado más especializado y capaz, **"el de Violencia de Género"**. Este no deja de ser un Juzgado de Primera Instancia, pero indiscutiblemente su sensibilización y día a día le hacen más dotado e incluso ágil. En todas las localidades con sede judicial existe un juzgado especializado en violencia de género. Este es un recurso que hay que aprovechar si se está en este supuesto.

A veces ocurre que interpuesta una demanda de divorcio y antes de la celebración de la vista de medidas provisionales o definitivas, se haya iniciado un proceso penal por violencia contra la mujer. Si eso se produce, el Juzgado de familia que haya admitido a trámite la demanda de divorcio, deberá inhibirse (es decir, dejar de tener competencia) en favor del Juzgado de violencia sobre la mujer. Aclaro que denominamos **"Juzgado de familia"** a un Juzgado de Primera Instancia especializado en el derecho de familia. Con lo que ambas acepciones son sinónimas. En este caso, el Juzgado de Violencia sobre la mujer será el encargado de dictar la sentencia, tanto en el ámbito del divorcio como en el procedimiento penal. A unos mismos hechos, un único juez, con dos efectos diversos: uno en el campo penal y otro en el terreno civil. En estos casos, es muy importante actuar correctamente en las primeras 48 horas desde que se produce la agresión. De cómo se actúe y planteen las acciones judiciales, el destino y camino del divorcio podrá ser más positivo y no caer en un laberinto jurídico con dualidad de juzgadores que no tendrán una visión tan completa de la situación.

## LA ORDEN DE PROTECCIÓN

Quizás no sea materia específica de este libro, pero la mujer que sufre violencia de género debe al menos identificar los recursos con los que cuenta, que no son pocos, aunque evidentemente todo es mejorable.

La orden de protección es un instrumento legal diseñado para proteger a las víctimas de la violencia doméstica. La orden de protección va a conseguir, en una ÚNICA RESOLUCIÓN JUDICIAL en forma de auto, la adopción de medidas de protección y seguridad de la integridad física de la mujer y de sus hijos de naturaleza penal y civil, activando los mecanismos de asistencia y protección social, tanto de los Ayuntamientos, Comunidades Autónomas como del Estado. Unifica los distintos instrumentos de protección a la víctima previstos en el ordenamiento jurídico creando un estatuto integral de protección.

Para los supuestos en los que se dan estos indicios no se pide prueba completa y desarrollada de acuerdo a la ley, fundados en una comisión de un delito o falta contra la vida, integridad física o moral, libertad sexual, libertad o seguridad de la mujer por parte de un hombre que sea o haya sido su cónyuge estando ligado por relaciones similares aun sin convivir. Resulta una situación objetiva de riesgo para las víctimas de violencia de género.

## ¿QUIÉN PUEDE SOLICITARLO?

- La víctima de actos de violencia física o psicológica por cónyuge o persona asimilada.
- Los descendientes de la víctima, los ascendientes o hermanos, los menores e incapaces que vivan con la víctima.
- El ministerio fiscal.
- El órgano judicial que tenga conocimiento de los hechos.
- Entidades u organizaciones asistenciales que tuviesen conocimiento de los hechos.

## ¿CÓMO SE SOLICITA?

A través de un impreso normalizado y disponible en todas las comisarías del país tanto de policía local, foral, autonómica o guardia civil. También en las oficinas de atención a las víctimas de violencia del ayuntamiento o comunidad autónoma y en los colegios de abogados.

### ¿DÓNDE SE PRESENTA?

- En el juzgado.
- En la fiscalía.
- En las comisarías de policía.
- En los servicios sociales.
- En los colegios de abogados.

### ¿TIENE COSTE?

La tramitación es absolutamente gratuita y no necesita ir acompañado de abogado y procurador.

### ¿CÓMO RELLENAR EL IMPRESO?

- No es necesario contestar todas las preguntas.
- Es aconsejable -no necesario- acompañar algún parte de urgencias si hay lesiones.
- Si tienes más denuncias adjúntalas.
- Esto es muy importante: QUÉDATE SIEMPRE CON UNA COPIA.

### ¿SI ME MARCHO DE MI CASA COMETO EL DELITO DE ABANDONO DE HOGAR?

No. El delito de abandono del hogar ya no existe. Además de no ser delito, es altamente recomendable hacerlo si se sufre violencia de género.

## ¿ES MÁS RAPIDO LOS TRÁMITES DE UN DIVORCIO POR VIOLENCIA DE GÉNERO?

En principio sí, como regla general, pero luego influirá el volumen judicial de cada entidad.

A continuación, se incluye como anexo un modelo normalizado de solicitud de orden de protección en el que se pueden ver todas las cuestiones sobre lo que te preguntarán.

## ¿CÓMO FUNCIONA LA CUSTODIA Y EL RÉGIMEN DE VISITAS EN LOS CASOS DE VIOLENCIA DE GÉNERO?

Ya en la Ley 1/2004, en el artículo 66, se contemplaba que el juez podía suspender el régimen de visita, estancia, relación e incluso comunicación por la persona inculpada por violencia de género. Esta potestad ha sido anulada recientemente al darse una nueva redacción al artículo 944 del Código Civil, en la reforma aprobada en el año 2021 el pasado 1 de julio. "No procederá el establecimiento de un régimen de visita o estancia, y si existiera se suspenderá, respecto del progenitor que esté incurso en un proceso penal iniciado por atentar contra la vida, la integridad moral, la libertad o indemnidad sexual del otro cónyuge o los hijos". Al final abre la puerta a una autorización especial del juez para autorizar algún régimen de visitas en atención a lo más beneficioso para el menor.

Esto dice la ley actual pero antes de finalizar este tema y de manera muy reciente se ha presentado por el juzgado de primera instancia de Móstoles un recurso de inconstitucionalidad contra esta última modificación de la ley de violencia de género que atañe a la custodia, visitas y comunicación de los menores. El artículo 94.4 viene a establecer "automatismos para negar el régimen de visitas cuando simplemente se denuncie que existe un proceso penal abierto contra uno de los cónyuges por delitos contra la vida, la integridad física, la libertad o la integridad moral. Lo que argumenta la jueza es que teniendo conocimiento de la denuncia automáticamente, se cercenan los derechos de visitas del otro progenitor y esto lo cuestiona. No vamos a incidir más en cuestiones de legislación que nos afectan, pero no nos competen. Solo anunciar que se revisará en el futuro inminente esta cuestión. Pero de momento la ley vigente es la explicada.

## RECURSOS SOCIALES

Es muy conveniente acudir a la junta municipal si se sufre violencia de género y allí se valorará y asesorará convenientemente (o eso esperamos). Las consejerías sociales tienen competencias, así como el Ministerio de Igualdad. Todos ellos tienen una batería de actuaciones en las que las víctimas de violencia de género pueden ver aliviada su carga. Además, con la orden de protección se obtiene un título habilitante para acceder a las medidas de asistencia y protección social establecidas en todos los ámbitos de la administración, desde el Ayuntamiento hasta el Estado, con lo que se tendrá título para las siguientes medidas:

1. Renta activa de inserción, que incluye una ayuda en caso de cambio de residencia gestionada por los servicios públicos.
2. Ayuda económica del artículo 27 de la Ley orgánica 1/2004 de 28 de diciembre.
3. Acceso a viviendas protegidas y residencias públicas para mayores.
4. Derechos laborales y de seguridad social.
5. Solicitud de autorizaciones de residencia para extranjeros, que podría ser obtenida cuando recaiga sentencia condenatoria, obteniendo también autorización de residencia independiente para las familias reagrupadas.

Por último, la orden de protección se encuentra en impresos normalizados en castellano, en inglés, francés, alemán, búlgaro, chino, rumano, ruso y portugués.

## PROCEDIMIENTO DE LA ORDEN DE PROTECCIÓN

Una vez recibida la orden de solicitud de protección, el juez de violencia sobre la mujer o incluso el juzgado que esté de guardia convocará a una audiencia urgente a la víctima o su representante legal, o incluso al solicitante de la orden si fuera otra persona. El agresor será convocado con abogado y procurador y el propio ministerio fiscal. No es la primera vez que una vista convocada acaba con el agresor detenido, dependiendo de la gravedad que represente la amenaza para la mujer y los hijos si los hubiera. Este tema es muy serio y el juez intentará sacar la verdad a las partes, por lo que chequeará de primera mano el ambiente y situación que se desprende. La existencia de parte de lesiones, los antecedentes de violencia, el comportamiento del supuesto agresor y de la víctima calibrarán la respuesta judicial final que podrá ir desde constituir en prisión al agresor a otras medidas penales como:

- Penas privativas de libertad.
- Prohibición de residencia.
- Prohibición de comunicación.
- Retirada de armas y objetos peligrosos si existieran.

## MEDIDAS CIVILES

- Atribución del uso y disfrute de la vivienda familiar.
- Régimen de custodia, visitas, comunicaciones y estancia con los hijos que, con la actual redacción de la ley, con la mera denuncia de violencia contra el agresor le será objeto de retirada total.

- Régimen de prestación de alimentos.
- Cualquier otra medida de protección al menor para evitarle un perjuicio o un peligro.

La orden de protección será comunicada inmediatamente a las partes y administraciones implicadas pudiendo tomarse medidas desde ese mismo momento. Podrá constituirse en prisión al agresor y la víctima deberá ser informada de su puesta en libertad cuando se produzca. La orden de protección se inscribirá en el Registro Central para la protección de las víctimas. Las medidas civiles tendrán una vigencia de 30 días. Si se llevan a cabo acciones judiciales se prorrogarán otros treinta días. Se pretende que luego estas medidas pasen al control judicial del juez encargado del asunto de la violencia contra la mujer, dado el carácter de provisionalísimas y urgentes de las mismas. Pero es un primer paso que tiene que continuar con la demanda de divorcio y las acciones penales contra el agresor. Si no se presentan sendas acciones civiles y penales, las medidas decaerán y quedarán sin efecto.

*Capítulo 16*

# *Conclusión. Epílogo*

Has pasado por mucho, o estás pasando, o vas a pasar. Como has podido observar si has llegado al final de este libro (y como espectador inteligente que te considero), el camino, el proceso puede ser doloroso y fácil o doloroso y complicado (o algo complicado). Doy por descontado que el proceso es siempre doloroso. La sensación de "pérdida" por algo en lo que has creído firmemente te va a acompañar posiblemente de por vida. Se trata de salir lo mejor posible. Si logramos tomar una necesaria distancia conseguiremos, tal vez, una correcta relación con la otra parte. Si es así, habremos dado un paso de gigante. Pero piensa que no eres ni serás la primera persona que pasa por este proceso, pero está en tu mano decidir cómo lo encaras. Tu reacción será lo que marcará la diferencia.

*Capítulo 17*

# *Mi ayuda personal*

Quiero que sepas que este es un libro regalo. Mi primera actuación profesional fue divorciar a unos queridos amigos míos a los que había visto casarse, como invitado, nueve meses antes en la iglesia de Entrevías. Se divorciaban después de doce años de noviazgo feliz. Mi amigo solo me dio una orden: "Dale todo a ella". El todo era un piso en el barrio de Villaverde de Madrid que con gran esfuerzo habían comprado, reformado y amueblado hasta convertirlo en un perfecto hogar. Desde ahí hasta otros divorcios (como unos amigos entrañables de mis padres u otras parejas de amigos) me han hecho reflexionar, y siempre que he acudido a una boda y el cura pronunciaba que aquello era para siempre pensaba que el destino, a lo mejor, me volvería a elegir para separar en la tierra lo que en el cielo había quedado unido.

Para todas aquellas personas que les pueda servir y serles útil este libro, les habilito desde ya mi correo electrónico personal, ancisagestion@gmail.com, para regalarles una consulta jurídica valorada en 300 euros, completamente gratuita con garantía de atención directa y personal.

No estás solo o sola: cuenta conmigo... y buena suerte.

*Otros libros del autor:*

- **Guía fácil para tener éxito en la compra de tu casa** (EdicionesPY, 2022)

www.ingramcontent.com/pod-product-compliance
Lightning Source LLC
Chambersburg PA
CBHW070236220526
45465CB00004B/1442